AF194723

Impressum
Verlag: BABADADA GmbH, Nedderfeld 112 , 22529 Hamburg
Geschäftsführer / Verlagsleitung: Harald Hof
Druck: Books on Demand GmbH, In de Tarpen 42, 22848 Norderstedt

Imprint
Publisher: BABADADA GmbH, Nedderfeld 112 , 22529 Hamburg, Germany
Managing Director / Publishing direction: Harald Hof
Print: Books on Demand GmbH, In de Tarpen 42, 22848 Norderstedt

school

school

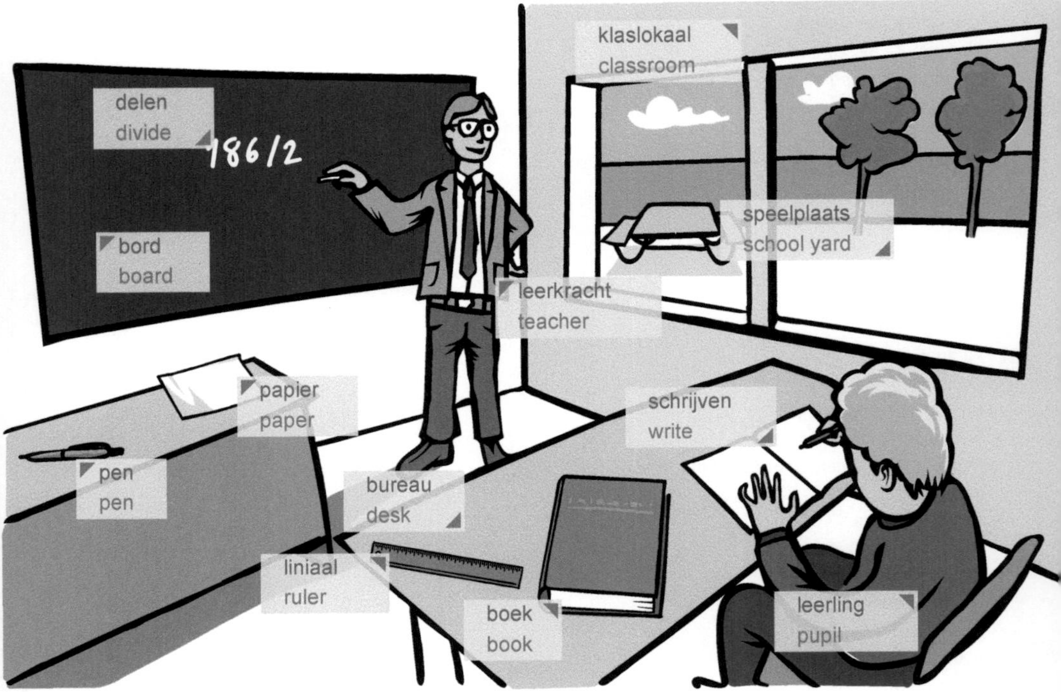

klaslokaal
classroom
delen
divide
186/2
bord
board
speelplaats
school yard
leerkracht
teacher
papier
paper
schrijven
write
pen
pen
bureau
desk
liniaal
ruler
boek
book
leerling
pupil

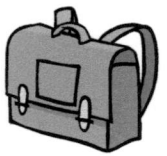

schooltas

satchel

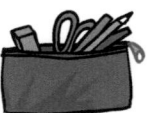

pennenzak

pencil case

potlood

pencil

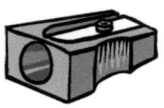

puntenslijper

pencil sharpener

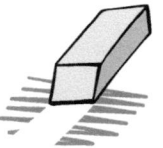

gom

rubber

tekenblok

drawing pad

tekening

drawing

verfborstel

paintbrush

verfdoos

paint box

schaar

scissors

lijm

glue

werkboek

exercise book

huiswerk

homework

nummer

number

optellen

add

aftrekken

subtract

vermenigvuldigen

multiply

rekenen

calculate

letter

letter

alfabet

alphabet

woord

word

tekst

text

Lezen

read

krijt

chalk

les

lesson

klassenboek

register

examen

examination

certificaat

certificate

schooluniform

school uniform

onderwijs

education

encyclopedie

encyclopedia

universiteit

university

microscoop

microscope

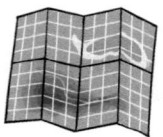

kaart

map

papiermand

waste-paper basket

reis
travel

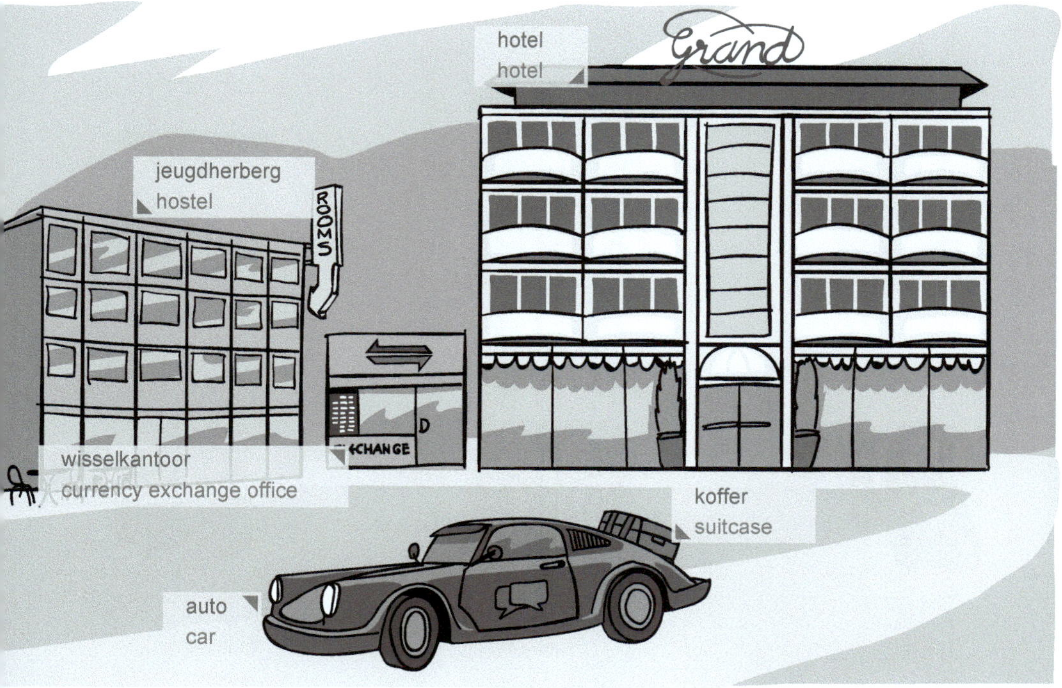
hotel
hotel
Grand
jeugdherberg
hostel
ROOMS
wisselkantoor
currency exchange office
koffer
suitcase
auto
car

Taal

language

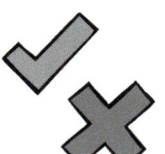

ja / nee

yes / no

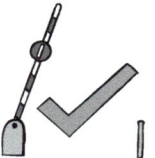

oké

Okay

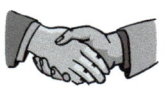

hallo

hello

vertaler

translator

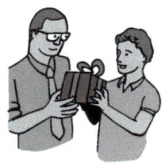

bedankt

Thank you

Hoeveel kost …?

how much is…?

Ik begrijp het niet

I don´t get it

probleem

problem

Goedenavond!

Good evening!

Goedemorgen!

Good morning!

Goedenavond!

Good night!

Tot ziens

goodbye

richting

direction

bagage

luggage

zak

bag

rugzak

backpack

gast

guest

kamer

room

slaapzak

sleeping bag

tent

tent

toeristeninformatie

tourist information

strand

beach

kredietkaart

credit card

ontbijt

breakfast

lunch

lunch

avondeten

dinner

ticket

Ticket

lift

elevator

postzegel

stamp

grens

border

douane

customs

ambassade

embassy

visum

visa

paspoort

passport

transport

transport

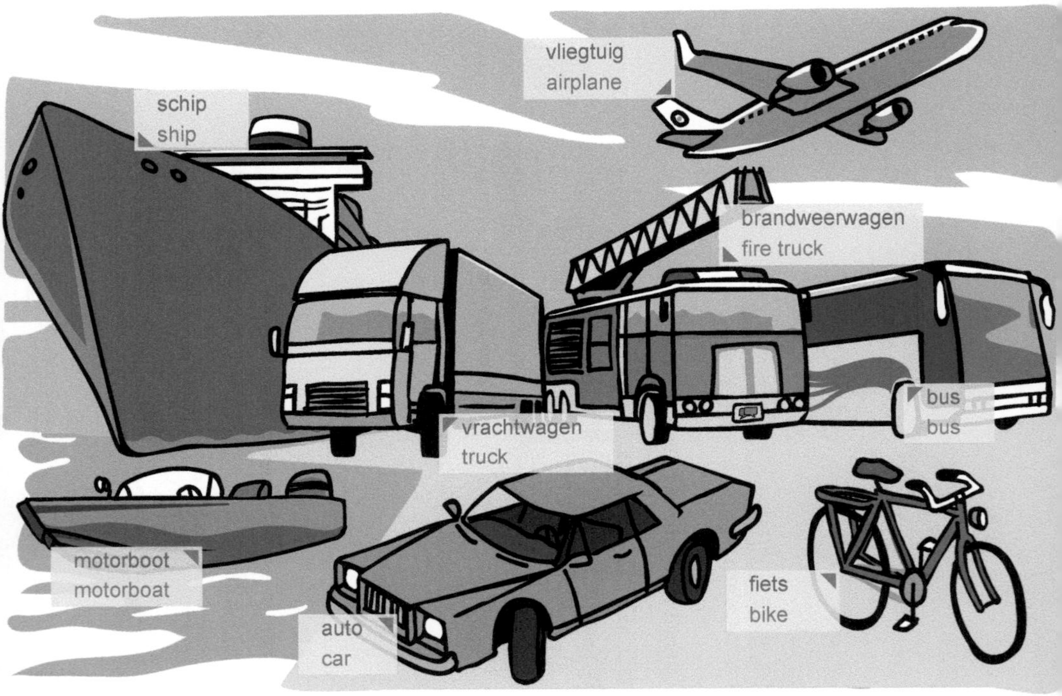
vliegtuig
airplane
schip
ship
brandweerwagen
fire truck
bus
bus
vrachtwagen
truck
motorboot
motorboat
fiets
bike
auto
car

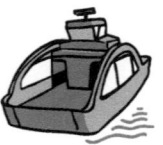

veerboot

ferry

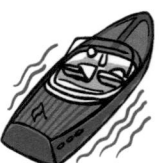

boot

boat

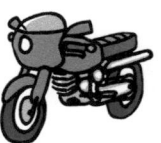

motor

motorbike

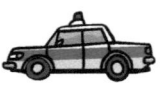

politiewagen

police car

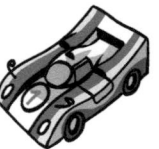

racewagen

racing car

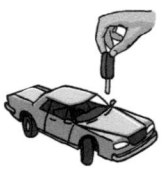

huurauto

rental car

carpoolen

car sharing

sleepwagen

tow truck

vuilniswagen

garbage truck

motor

engine

benzine

fuel

benzinestation

fuel station

verkeersbord

traffic sign

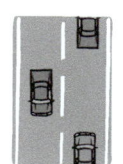

verkeer

traffic

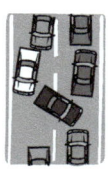

file

traffic jam

parkeerplaats

parking lot

station

train station

sporen

tracks

trein

train

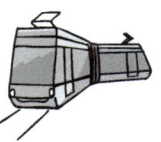

tram

tram

wagon

wagon

helikopter

helicopter

luchthaven

airport

toren

tower

passagier

passenger

container

container

karton

carton

kar

cart

mand

basket

opstijgen / landen

take off / land

stad
city

dorp

village

stadscentrum

city center

huis

house

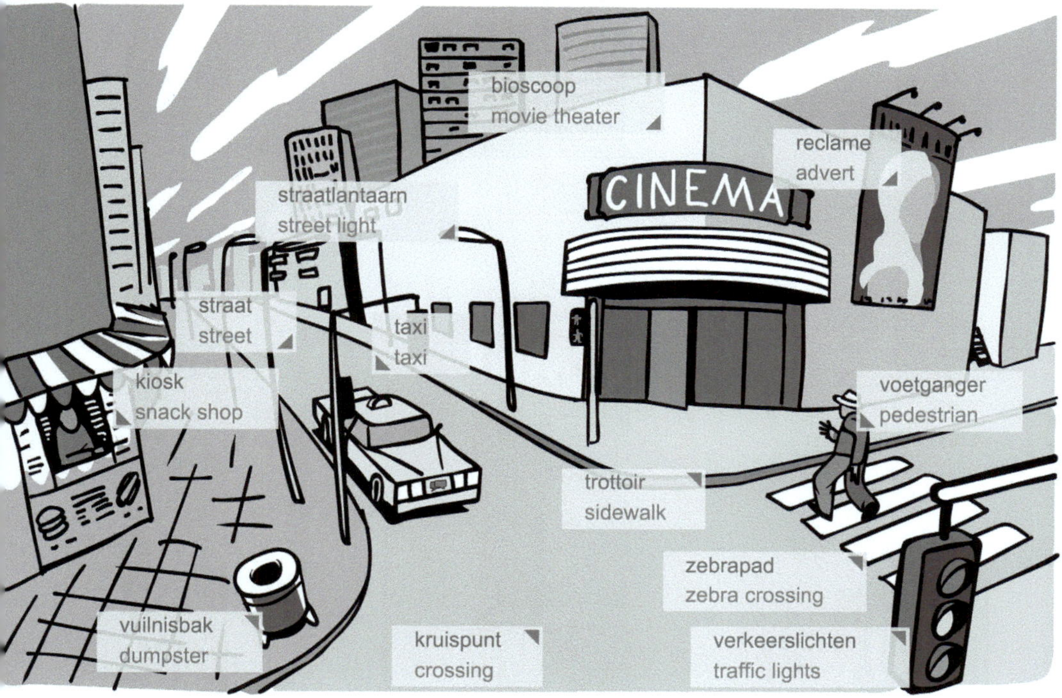

bioscoop
movie theater

reclame
advert

straatlantaarn
street light

CINEMA

straat
street

taxi
taxi

kiosk
snack shop

voetganger
pedestrian

trottoir
sidewalk

zebrapad
zebra crossing

vuilnisbak
dumpster

kruispunt
crossing

verkeerslichten
traffic lights

hut
hut

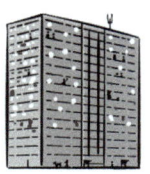

woning
apartment

station
train station

stadshuis
city hall

museum
museum

school
school

universiteit

university

bank

bank

ziekenhuis

hospital

hotel

hotel

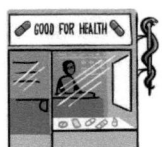

apotheek

pharmacy

kantoor

office

boekwinkel

book shop

winkel

shop

bloemenwinkel

flower shop

supermarkt

supermarket

markt

market

warenhuis

department store

vishandelaar

fishmonger's shop

winkelcentrum

mall

haven

harbor

park
park

bank
bench

brug
bridge

trap
stairs

metro
subway

tunnel
tunnel

bushalte
bus stop

bar
bar

restaurant
restaurant

brievenbus
postbox

straatnaambord
street sign

parkeermeter
parking meter

zoo
zoo

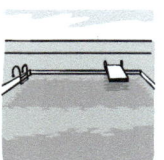

zwembad
swimming pool

moskee
mosque

boerderij
farm

milieuverontreiniging
pollution

kerkhof
cemetery

kerk
church

speelplaats
playground

tempel
temple

landschap
landscape

blad
leaf

wegwijzer
signpost

weg
path

weide
meadow

steen
stone

boom
tree

wandelaar
hiker

rivier
river

gras
grass

bloem
flower

vallei

valley

heuvel

hill

meer

lake

bos

forest

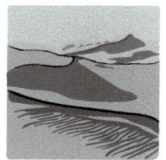

woestijn

desert

vulkaan

volcano

kasteel

castle

regenboog

rainbow

paddenstoel

mushroom

palmboom

palm tree

mug

mosquito

vlieg

fly

mier

ant

bijl

bee

spin

spider

kever
beetle

kikker
frog

eekhoorn
squirrel

egel
hedgehog

haas
hare

uil
owl

vogel
bird

zwaan
swan

wild zwijn
boar

hert
deer

eland
moose

dam
dam

windturbine
wind turbine

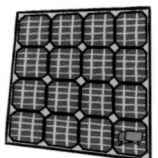

zonnepaneel
solar panel

klimaat
climate

restaurant
restaurant

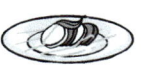

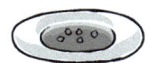

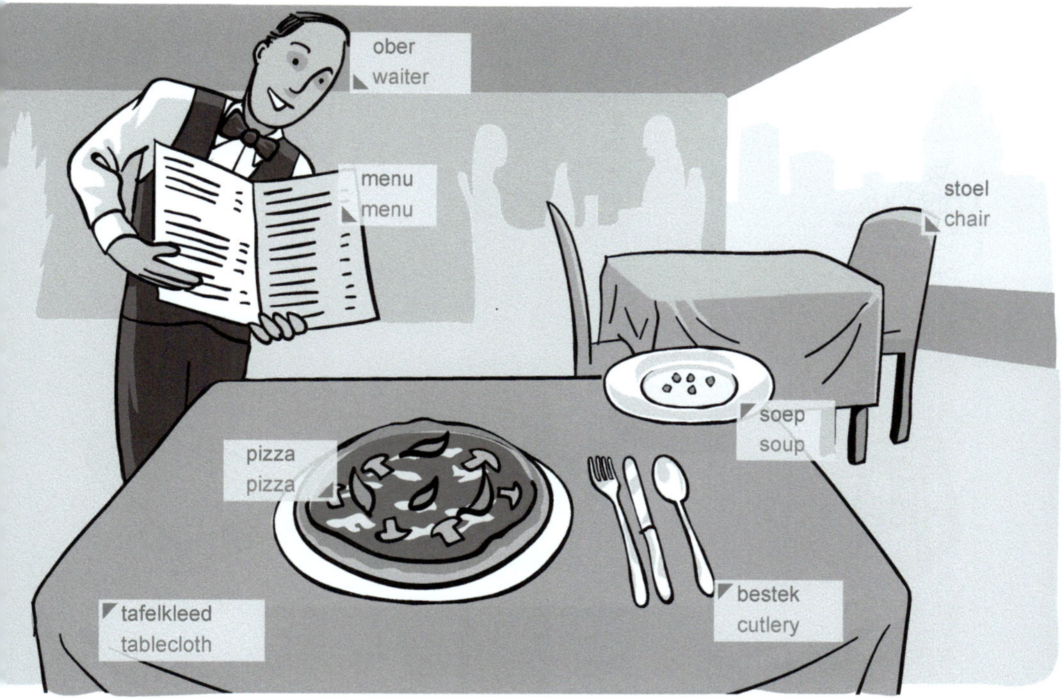
ober
waiter
menu
menu
stoel
chair
soep
soup
pizza
pizza
tafelkleed
tablecloth
bestek
cutlery

voorgerecht

starter

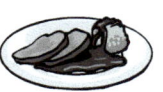

hoofdgerecht

main course

nagerecht

dessert

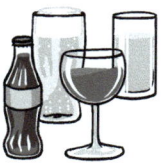

drankjes

drinks

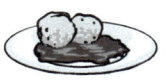

eten

food

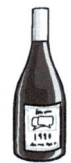

fles

bottle

fastfood

fast food

street food

street food

theepot

teapot

suikerpot

sugar bowl

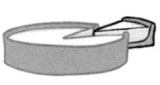

portie

portion

espressomachine

espresso machine

kinderstoel

high chair

rekening

bill

dienblad

tray

mes

knife

vork

fork

lepel

spoon

theelepel

teaspoon

serviette

serviette

glas

glass

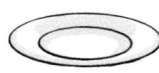

bord
plate

soepbord
soup plate

schoteltje
saucer

saus
sauce

zoutvatje
salt shaker

pepermolen
pepper mill

azijn
vinegar

olie
oil

kruiden
spices

ketchup
ketchup

mosterd
mustard

mayonaise
mayonnaise

supermarkt

supermarket

aanbieding
special offer
FOR
klant
customer
zuivelproducten
dairy products
fruit
fruit
winkelwagen
shopping cart

BUTCHERS

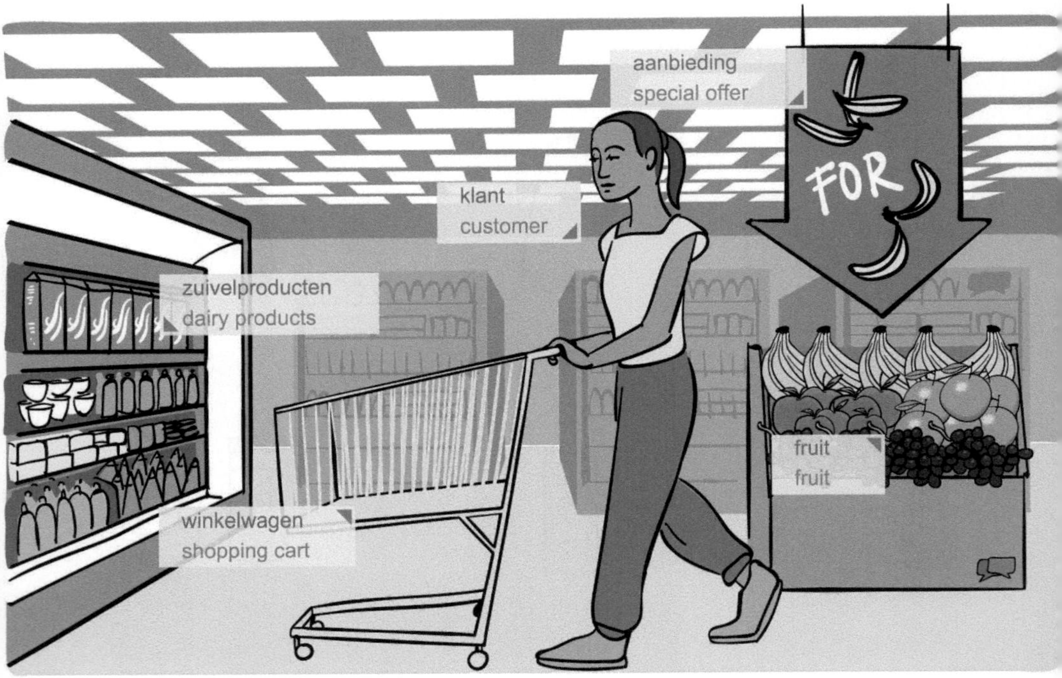

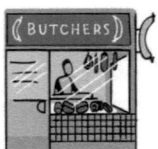

slagerij

butcher's shop

BAKERY

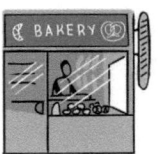

bakkerij

bakery

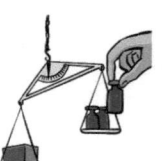

wegen

weigh

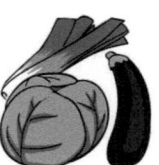

groenten

vegetables

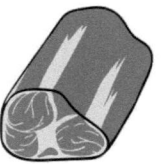

vlees

meat

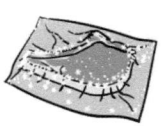

diepvriesvoedsel

frozen food

charcuterie

cold cuts

conserven

canned food

waspoeder

detergent

snoep

candy

huishoudproducten

household products

schoonmaakproducten

cleaning products

verkoopster

sales representative

kassa

cash register

kassier

cashier

boodschappenlijstje

shopping list

openingstijden

opening hours

portefeuille

wallet

kredietkaart

credit card

tas

bag

plastieken zakje

plastic bag

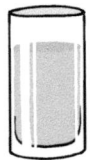

water

water

sap

juice

melk

milk

cola

coke

wijn

wine

bier

beer

alcohol

alcohol

cacao

cocoa

thee

tea

koffie

coffee

espresso

espresso

cappuccino

cappuccino

banaan

banana

appel

apple

sinaasappel

orange

meloen

melon

citroen

lemon

wortel

carrot

knoflook

garlic

bamboe

bamboo

ajuin

onion

champignon

mushroom

noten

nuts

noodles

noodles

spaghetti

spaghetti

rijst

rice

salade

salad

frieten

fries

gebakken aardappelen

fried potatoes

pizza

pizza

hamburger

hamburger

sandwich

sandwich

kalfslapje

escalope

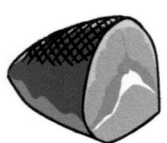

ham

ham

salami

salami

worst

sausage

kip

chicken

braden

roast

vis

fish

havervlokken

porridge oats

muesli

muesli

cornflakes

cornflakes

bloem

flour

croissant

croissant

pistolet

bread roll

brood

bread

toast

toast

koekjes

cookies

boter

butter

kwark

curd

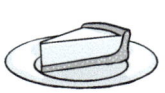

taart

cake

ei

egg

spiegelei

fried egg

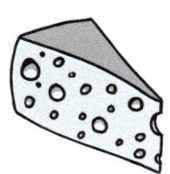

kaas

cheese

ijs

ice cream

suiker

sugar

honing

honey

confituur

jelly

choco

nougat cream

curry

curry

boerderij
farm

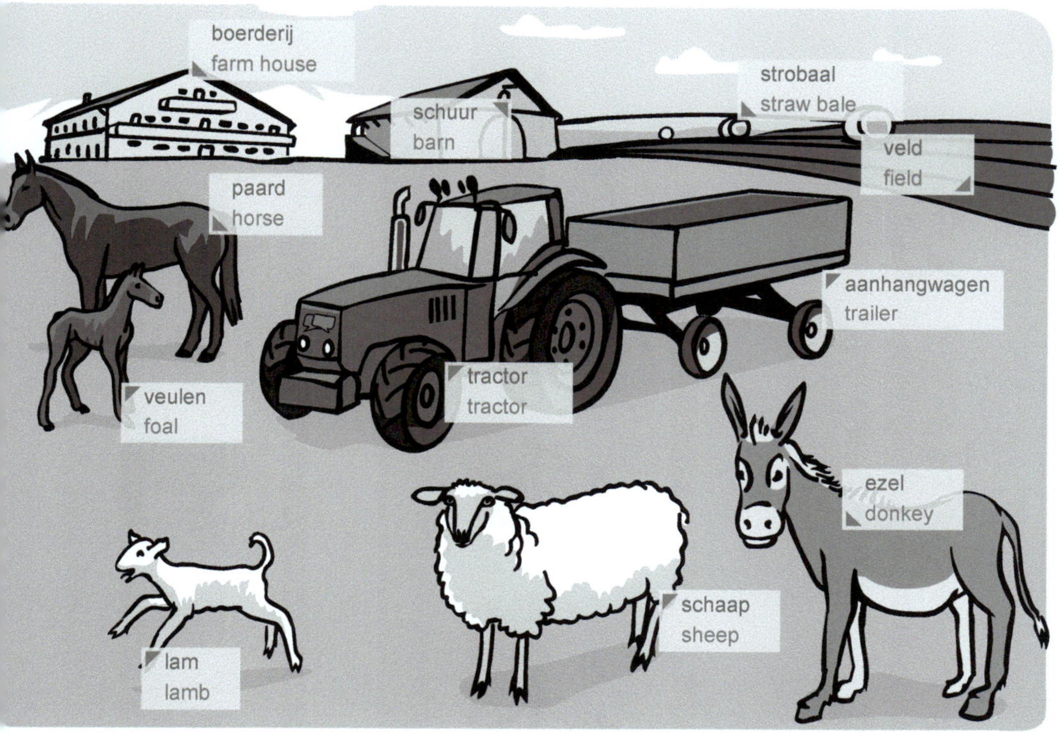
boerderij
farm house
schuur
barn
strobaal
straw bale
veld
field
paard
horse
aanhangwagen
trailer
tractor
tractor
veulen
foal
ezel
donkey
schaap
sheep
lam
lamb

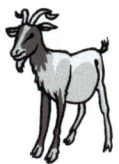

geit

goat

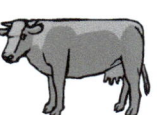

koe

cow

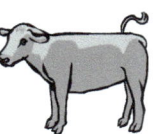

kalf

calf

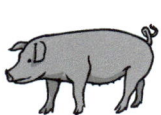

varken

pig

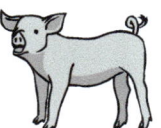

biggetje

piglet

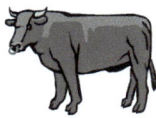

stier

bull

gans

goose

eend

duck

kuiken

chick

kip

hen

haan

cockerel

rat

rat

kat

cat

muis

mouse

os

ox

hond

dog

hondenhok

dog house

tuinslang

garden hose

gieter

watering can

zeis

scythe

ploeg

plow

sikkel

sickle

schoffel

hoe

hooivork

pitchfork

bijl

axe

kruiwagen

pushcart

trog

trough

melkkan

milk can

zak

sack

hek

fence

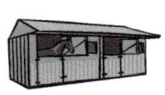

stal

stable

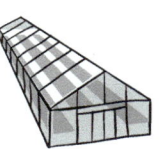

broeikas

greenhouse

bodem

soil

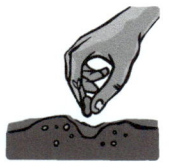

zaad

seed

mest

fertilizer

maaidorser

combine harvester

oogsten

harvest

oogst

harvest

yam

yams

tarwe

wheat

soja

soya

aardappel

potato

maïs

corn

koolzaad

rapeseed

fruitboom

fruit tree

maniok

manioc

graan

grain

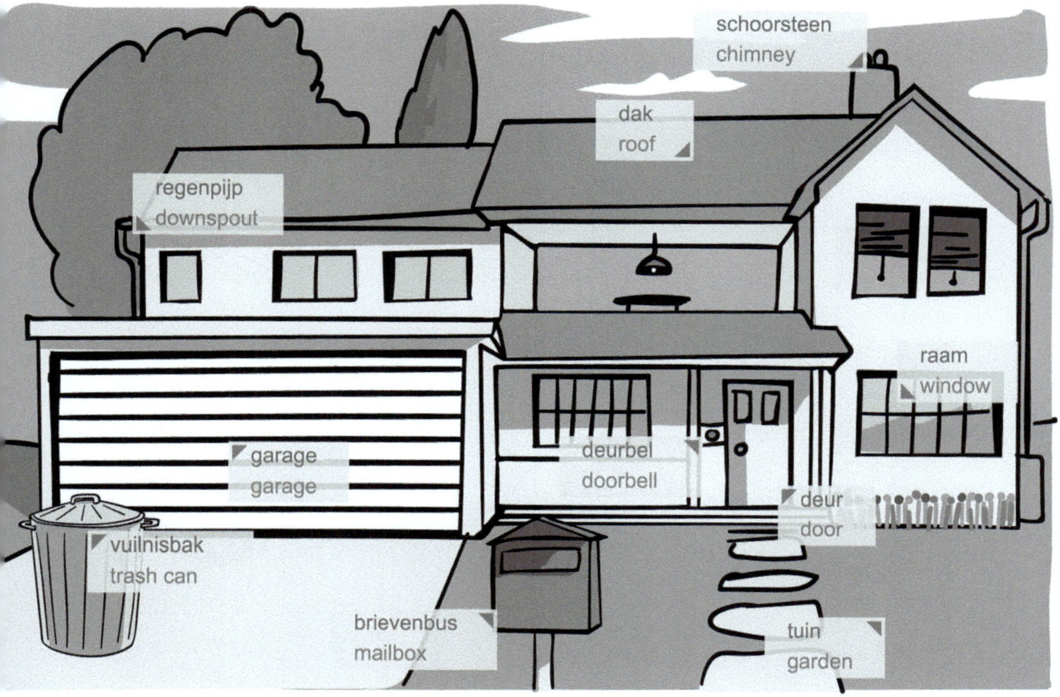

schoorsteen
chimney

dak
roof

regenpijp
downspout

raam
window

garage
garage

deurbel
doorbell

deur
door

vuilnisbak
trash can

brievenbus
mailbox

tuin
garden

woonkamer
living room

badkamer
bathroom

keuken
kitchen

slaapkamer
bedroom

kinderkamer
kids room

eetkamer
dining room

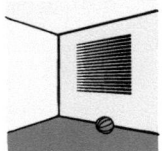

vloer

floor

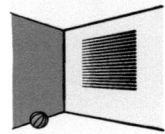

muur

wall

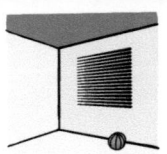

plafond

ceiling

kelder

cellar

sauna

sauna

balkon

balcony

terras

terrace

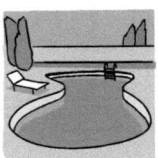

zwembad

pool

grasmaaier

lawn mower

dekbedovertrek

sheet

dekbed

bedspread

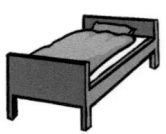

bed

bed

bezem

broom

emmer

bucket

schakelaar

switch

woonkamer
living room

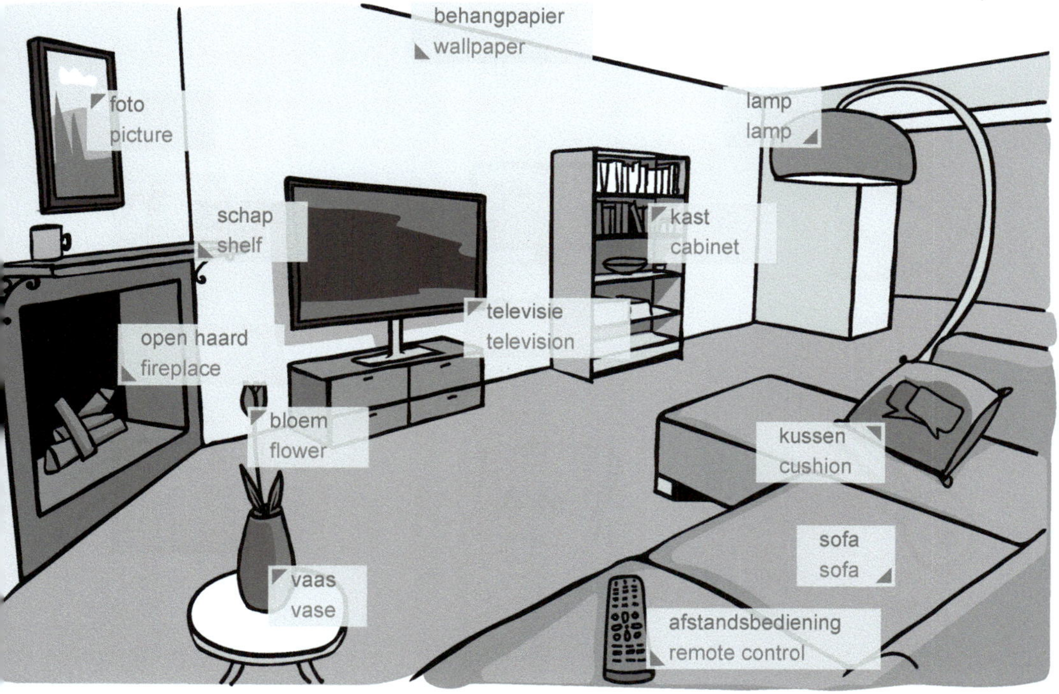
behangpapier
wallpaper
foto
picture
lamp
lamp
schap
shelf
kast
cabinet
televisie
television
open haard
fireplace
bloem
flower
kussen
cushion
sofa
sofa
vaas
vase
afstandsbediening
remote control

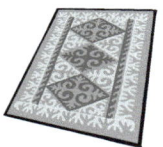

mat
carpet

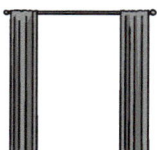

gordijn
drape

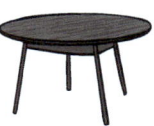

tafel
table

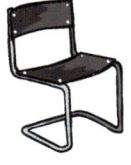

stoel
chair

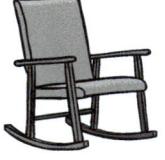

schommelstoel
rocking chair

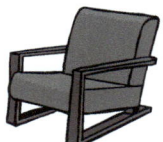

fauteuil
armchair

boek
book

deken
blanket

decoratie
decoration

brandhout
firewood

film
film

stereo-installatie
stereo system

sleutel
key

krant
newspaper

schilderij
painting

poster
poster

radio
radio

notitieboekje
notebook

stofzuiger
vacuum cleaner

cactus
cactus

kaars
candle

keuken
kitchen

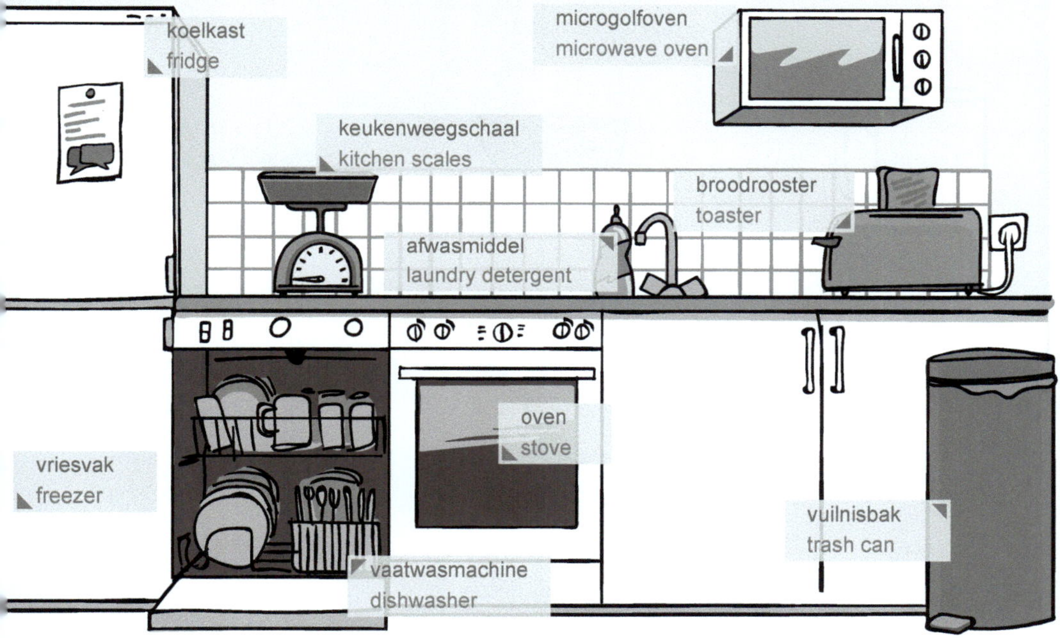
koelkast
fridge
microgolfoven
microwave oven
keukenweegschaal
kitchen scales
broodrooster
toaster
afwasmiddel
laundry detergent
oven
stove
vriesvak
freezer
vuilnisbak
trash can
vaatwasmachine
dishwasher

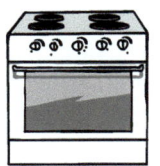

fornuis

cooker

pot

pot

gietijzeren pot

cast-iron pot

wok / kadai

wok / kadai

pan

pan

waterkoker

kettle

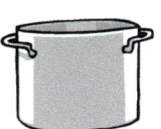

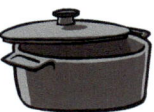

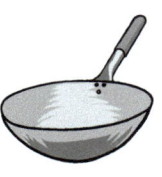

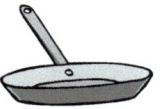

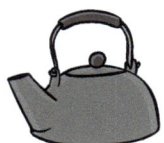

stoomkoker

steamer

bakplaat

baking tray

servies

crockery

mok

mug

kom

bowl

eetstokjes

chopsticks

pollepel

ladle

spatel

spatula

garde

whisk

vergiet

strainer

zeef

sieve

rasp

grater

mortier

mortar

barbecue

barbecue

haardvuur

fireplace

snijplank

chopping board

deegrol

rolling pin

kurkentrekker

corkscrew

blik

can

blikopener

can opener

pannenlap

oven cloth

gootsteen

sink

borstel

brush

spons

sponge

blender

blender

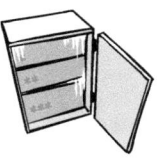

vriezer

deep freezer

papfles

baby bottle

kraan

tap

badkamer
bathroom

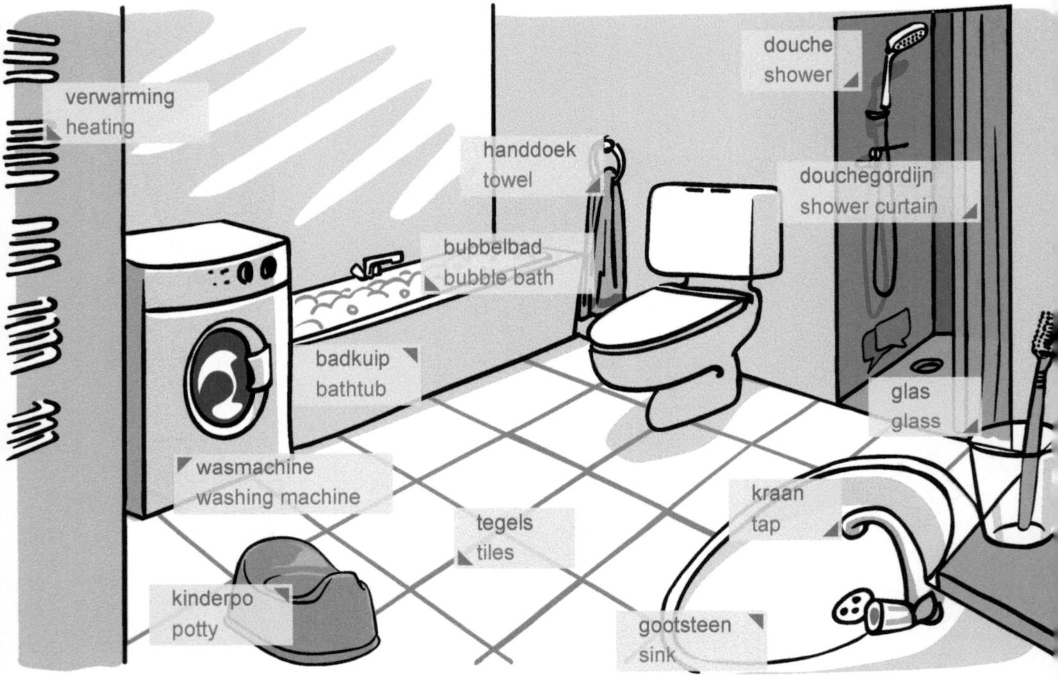

douche
shower
verwarming
heating
handdoek
towel
douchegordijn
shower curtain
bubbelbad
bubble bath
badkuip
bathtub
glas
glass
wasmachine
washing machine
kraan
tap
tegels
tiles
kinderpo
potty
gootsteen
sink

toilet

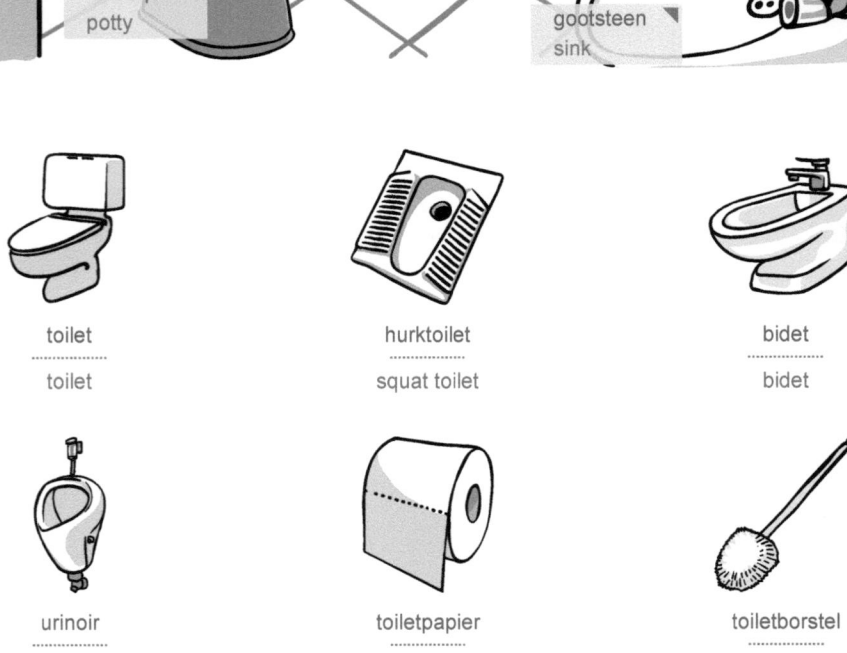

toilet

hurktoilet

squat toilet

bidet

bidet

urinoir

urinal

toiletpapier

toilet paper

toiletborstel

toilet brush

tandenborstel

toothbrush

tandpasta

toothpaste

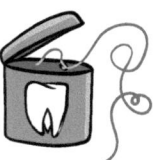

flosdraad

dental floss

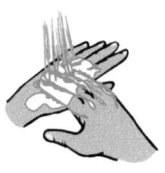

wassen

wash

handdouche

hand shower

bidethanddouche

douche

waskom

basin

rugborstel

back brush

zeep

soap

douchegel

shower gel

shampoo

shampoo

washandje

flannel

afvoer

drain

crème

creme

deodorant

deodorant

spiegel

mirror

handspiegel

hand mirror

scheermes

razor

scheerschuim

shaving foam

aftershave

aftershave

kam

comb

borstel

brush

haardroger

hair-dryer

haarlak

hairspray

make-up

makeup

lippenstift

lipstick

nagellak

nail varnish

watten

cotton wool

nagelknipper

nail scissors

parfum

perfume

toilettas

washbag

kruk

stool

weegschaal

weighing scales

badjas

bathrobe

latex handschoenen

rubber gloves

tampon

tampon

maandverband

sanitary towel

chemisch toilet

chemical toilet

kinderkamer
kids room

wekker
alarm clock
knuffel
cuddly toy
speelgoedauto
toy car
rammelaar
rattle
poppenhuis
doll's house
geschenk
present

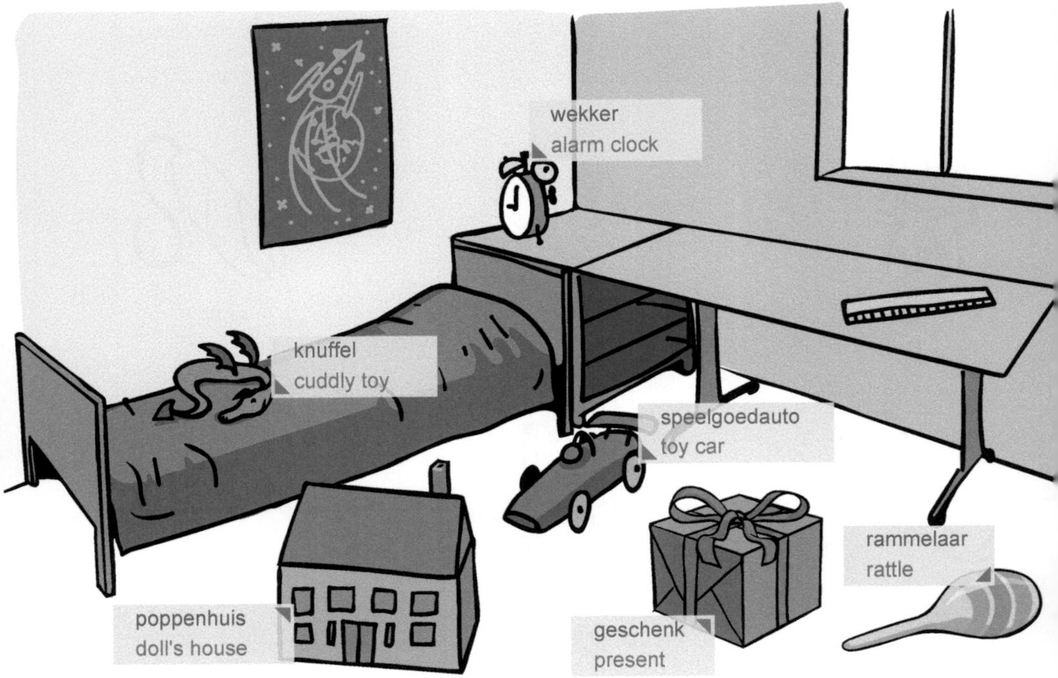

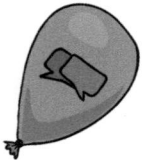

ballon
balloon

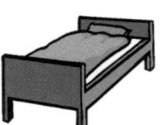

bed
bed

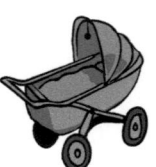

kinderwagen
stroller

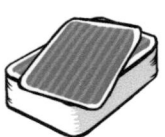

spel kaarten
deck of cards

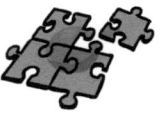

puzzel
jigsaw

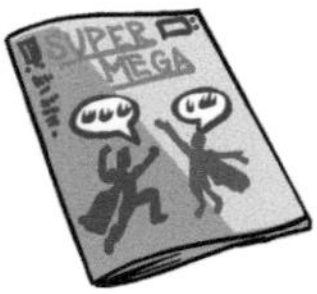

stripboek
comic

legoblokjes

lego bricks

blokken

toy blocks

actiefiguur

action figure

kruippakje

romper suit

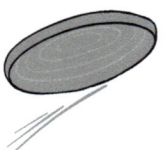

frisbee

frisbee

mobiel

mobile

bordspel

board game

dobbelsteen

dice

modelspoorweg

model train set

fopspeen

pacifier

feest

party

prentenboek

picture book

bal

ball

pop

doll

spelen

play

zandbak

sandpit

schommel

swing

speelgoed

toys

spelconsole

video game console

driewieler

tricycle

knuffelbeer

teddy bear

kleerkast

wardrobe

kleding

clothing

sokken

socks

kousen

stockings

maillot

tights

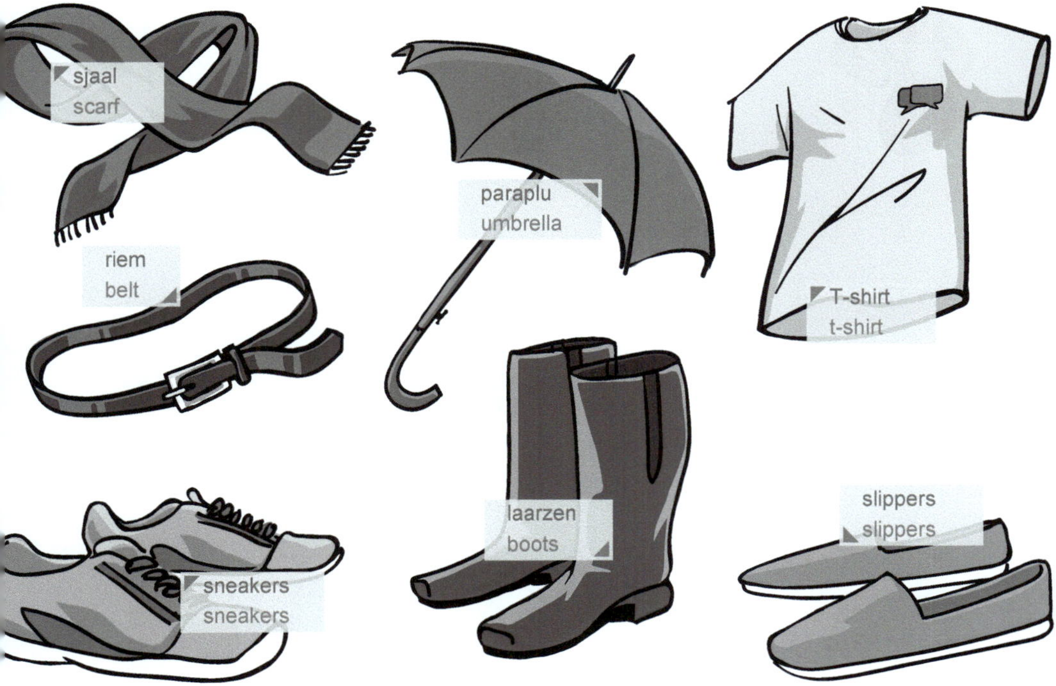

sjaal
scarf

paraplu
umbrella

T-shirt
t-shirt

riem
belt

laarzen
boots

slippers
slippers

sneakers
sneakers

sandalen
....
sandals

schoenen
....
shoes

rubberlaarzen
....
rubber boots

onderbroek
....
underwear

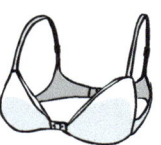

beha
....
bra

onderhemd
....
undershirt

kleding - clothing

lichaam
body

broek
pants

jeans
jeans

rok
skirt

blouse
blouse

hemd
shirt

trui
pullover

capuchontrui
sweater

blazer
blazer

jas
jacket

jas
coat

regenjas
raincoat

kostuum
costume

jurk
dress

trouwjurk
wedding dress

pak

suit

nachthemd

nightgown

pyjama

pajamas

sari

sari

hoofddoek

headscarf

tulband

turban

boerka

burka

kaftan

kaftan

abaya

abaya

badpak

swimsuit

zwembroek

trunks

short

shorts

trainingspak

tracksuit

schort

apron

handschoenen

gloves

knoop

button

bril

glasses

armband

bracelet

ketting

necklace

ring

ring

oorbel

earring

pet

cap

kapstok

coat hanger

hoed

hat

das

tie

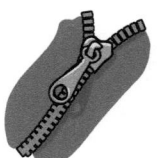

rits

zip

helm

helmet

bretellen

braces

schooluniform

school uniform

uniform

uniform

slabbetje
bib

fopspeen
pacifier

luier
diaper

kantoor
office

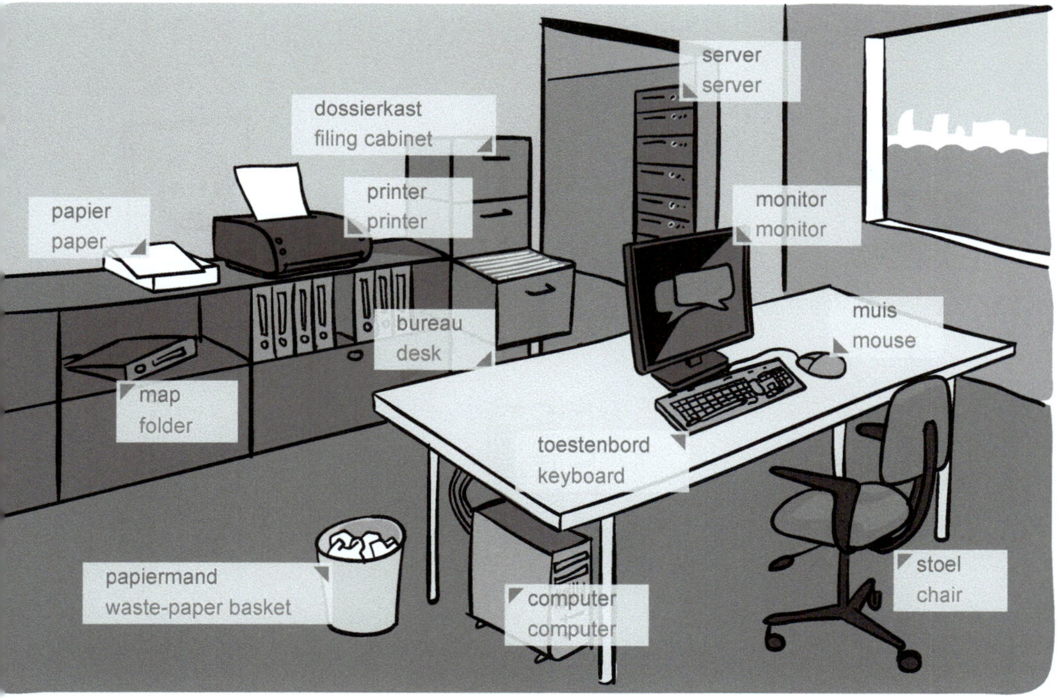

server
server

dossierkast
filing cabinet

printer
printer

papier
paper

monitor
monitor

muis
mouse

bureau
desk

map
folder

toestenbord
keyboard

stoel
chair

papiermand
waste-paper basket

computer
computer

koffiemok
coffee mug

rekenmachine
calculator

internet
internet

laptop

laptop

brief

letter

bericht

message

gsm

cell phone

netwerk

network

kopieerapparaat

photocopier

software

software

telefoon

telephone

stopcontact

plug socket

fax

fax machine

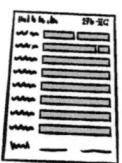

formulier

form

document

document

kopen
buy

betalen
pay

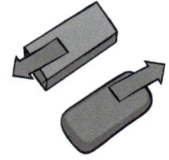

handelen
trade

geld
money

 **USD**

dollar
dollar

 **EUR**

euro
euro

 **JPY**

yen
yen

 **RUB**

roebel
rouble

 **CHF**

Zwitserse frank
Swiss franc

 **CNY**

Chinese renminbi
renminbi yuan

 **INR**

roepie
rupee

geldautomaat
cash point

wisselkantoor

currency exchange office

goud

gold

zilver

silver

olie

oil

energie

energy

prijs

price

contract

contract

belasting

tax

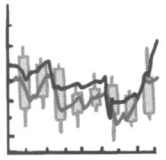

aandeel

stock

werken

work

werknemer

employee

werkgever

employer

fabriek

factory

winkel

shop

beroepen
occupations

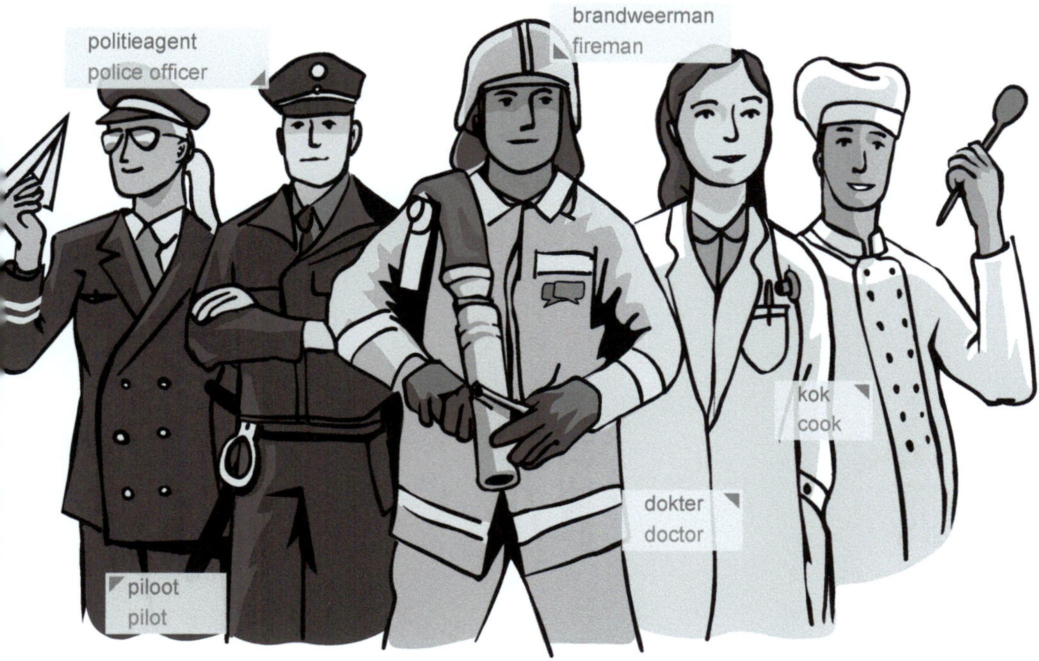
politieagent
police officer
brandweerman
fireman
kok
cook
dokter
doctor
piloot
pilot

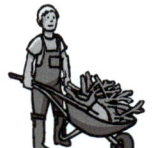

tuinman

gardener

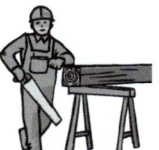

timmerman

carpenter

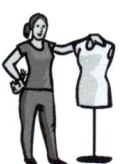

naaister

seamstress

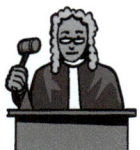

rechter

judge

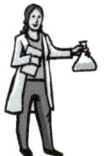

chemicus

chemist

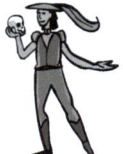

acteur

actor

buschauffeur

bus driver

taxichauffeur

taxi driver

visser

fisherman

schoonmaakster

cleaning lady

dakdekker

roofer

ober

waiter

jager

hunter

schilder

painter

bakker

baker

elektricien

electrician

bouwvakker

builder

ingenieur

engineer

slager

butcher

loodgieter

plumber

postbode

postman

soldaat
soldier

architect
architect

kassier
cashier

bloemist
florist

kapper
hairdresser

conducteur
conductor

mecanicien
mechanic

kapitein
captain

tandarts
dentist

wetenschapper
scientist

rabbijn
rabbi

imam
imam

monnik
monk

geestelijke
pastor

werktuigen

tools

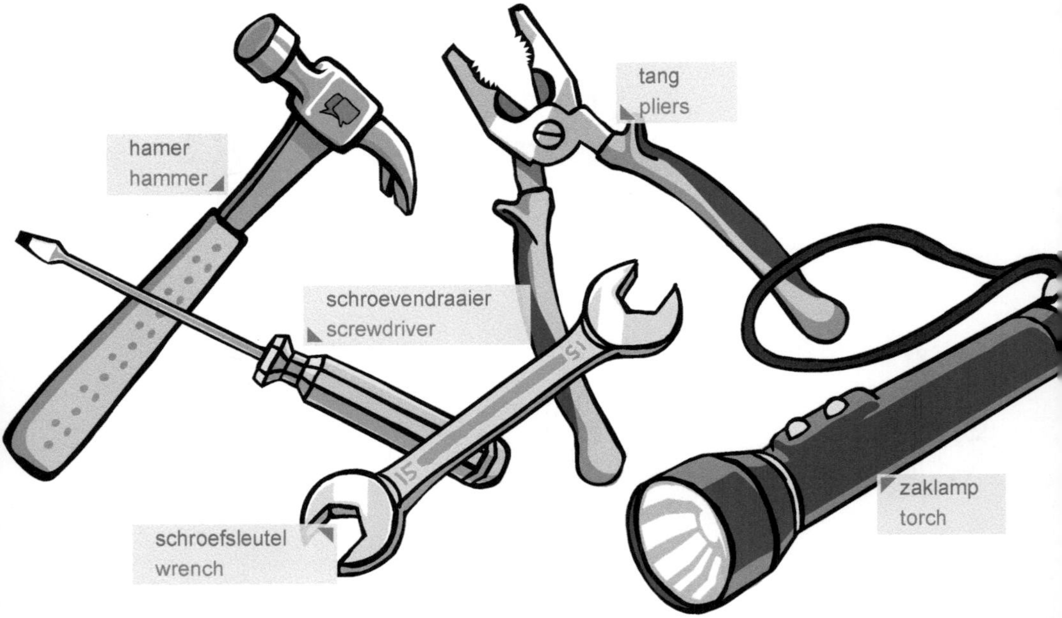

hamer
hammer
tang
pliers
schroevendraaier
screwdriver
schroefsleutel
wrench
zaklamp
torch

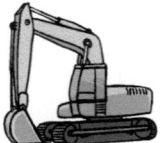

graafmachine

excavator

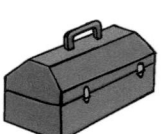

gereedschapskoffer

toolbox

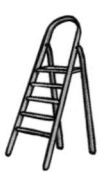

ladder

ladder

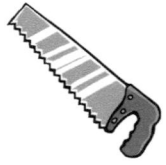

zaag

saw

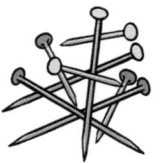

spijkers

nails

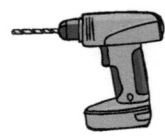

boormachine

drill

repareren
....
repair

schop
....
shovel

Verdomme!
....
Damn!

blik
....
dustpan

verfpot
....
paint can

schroeven
....
screws

muziekinstrumenten
musical instruments

luidspreker
loud speaker

drumstel
drum set

gitaar
guitar

contrabas
double bass

trompet
trumpet

piano

piano

viool

violin

basgitaar

bass

pauk

timpani

trommels

drums

keyboard

keyboard

saxofoon

saxophone

fluit

flute

microfoon

microphone

ZOO

ZOO

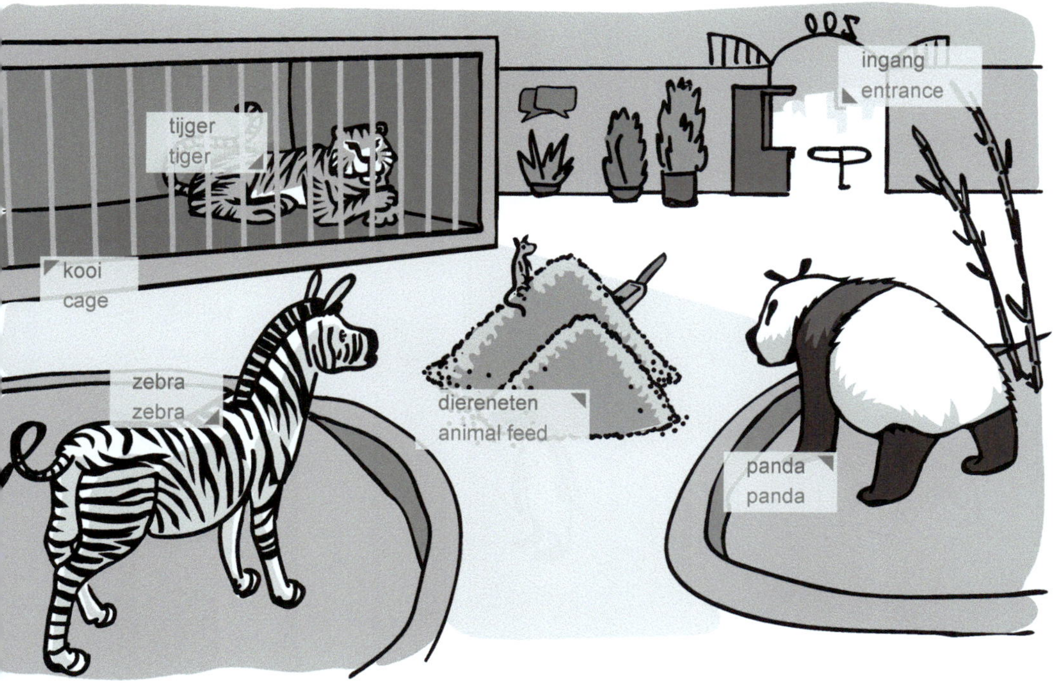
ingang
entrance
tijger
tiger
kooi
cage
zebra
zebra
diereneten
animal feed
panda
panda

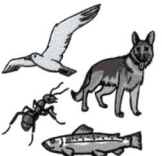

dieren

animals

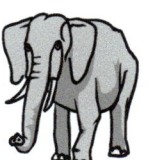

olifant

elephant

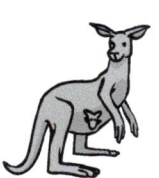

kangoeroe

kangaroo

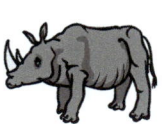

neushoorn

rhino

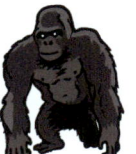

gorilla

gorilla

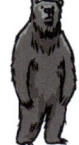

beer

bear

kameel

camel

struisvogel

ostrich

leeuw

lion

aap

monkey

flamingo

flamingo

papegaai

parrot

ijsbeer

polar bear

pinguïn

penguin

haai

shark

pauw

peacock

slang

snake

krokodil

crocodile

dierenverzorger

zookeeper

zeehond

seal

jaguar

jaguar

pony

pony

luipaard

leopard

nijlpaard

hippo

giraffe

giraffe

adelaar

eagle

wild zwijn

boar

vis

fish

zeeschildpad

turtle

walrus

walrus

vos

fox

gazelle

gazelle

rugby
American football

wielrennen
cycling

tennis
tennis

basketbal
basketball

zwemmen
swimming

boksen
boxing

ijshockey
ice hockey

voetbal
....
soccer

badminton
....
badminton

atletiek
....
athletics

handbal
....
handball

skiën
....
skiing

polo
....
polo

activiteiten
activities

lachen
laugh
springen
jump
knuffelen
hug
wandelen
walk
zingen
sing
dromen
dream
bidden
pray
kussen
kiss

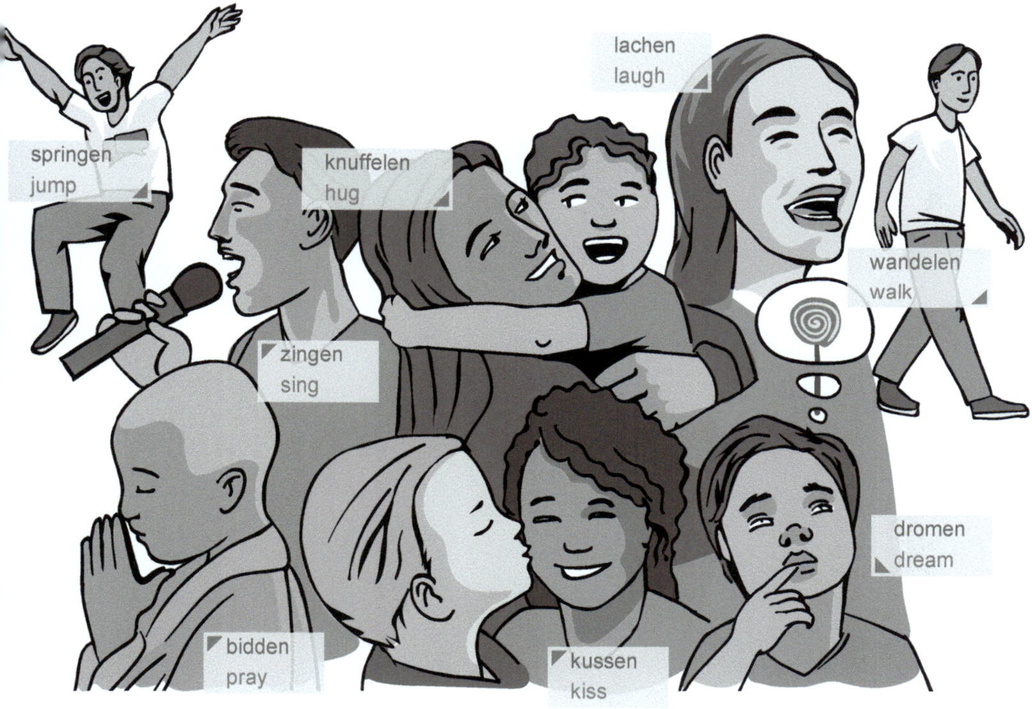

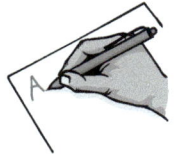

schrijven

write

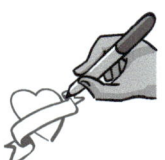

tekenen

draw

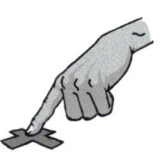

tonen

show

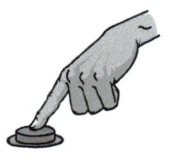

duwen

push

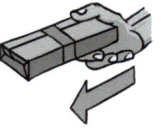

geven

give

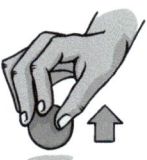

nemen

take

hebben

have

doen

do

zijn

be

staan

stand

lopen

run

trekken

pull

gooien

throw

vallen

fall

liggen

lie

wachten

wait

dragen

carry

zitten

sit

aankleden

get dressed

slapen

sleep

ontwaken

wake up

kijken naar

look at

wenen

cry

aaien

stroke

kammen

comb

praten

talk

begrijpen

understand

vragen

ask

luisteren

listen

drinken

drink

eten

eat

opruimen

tidy up

houden van

love

koken

cook

rijden

drive

vliegen

fly

zeilen

sail

rekenen

calculate

Lezen

read

leren

learn

werken

work

trouwen

marry

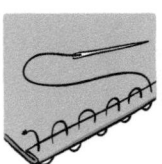

naaien

sew

tandenpoetsen

brush teeth

doden

kill

roken

smoke

sturen

send

familie
family

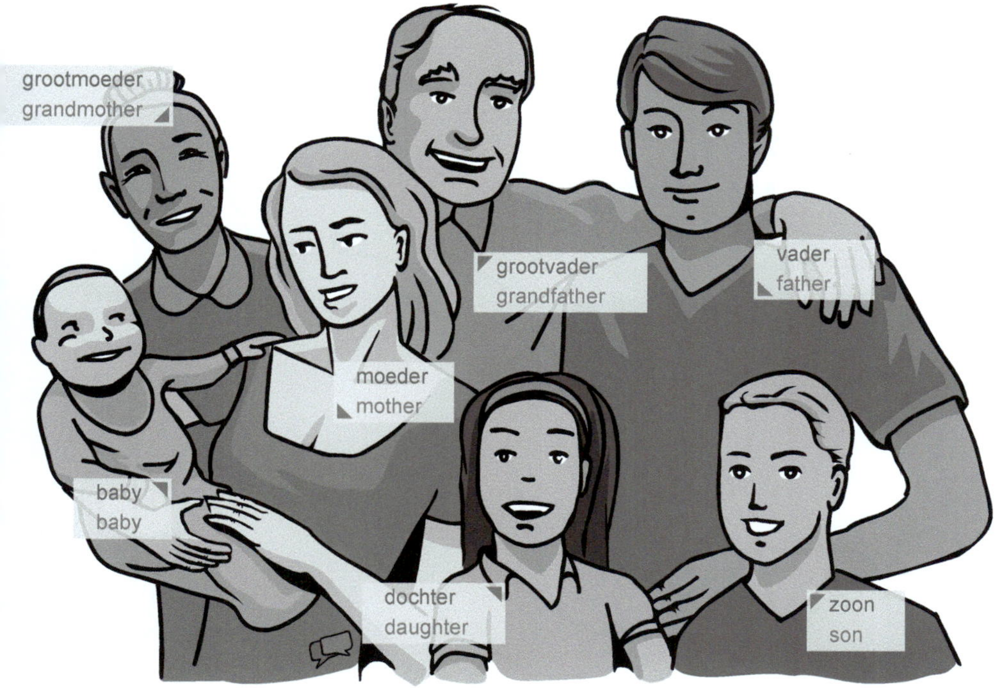
grootmoeder
grandmother
grootvader
grandfather
vader
father
moeder
mother
baby
baby
dochter
daughter
zoon
son

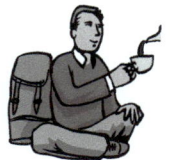

gast

guest

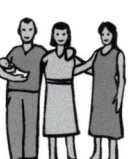

tante

aunt

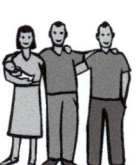

oom

uncle

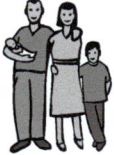

broer

brother

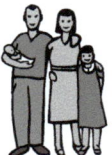

zus

sister

lichaam

body

voorhoofd
forehead
oog
eye
schouder
shoulder
vinger
finger
gezicht
face
kin
chin
hand
hand
borst
breast
been
leg
arm
arm

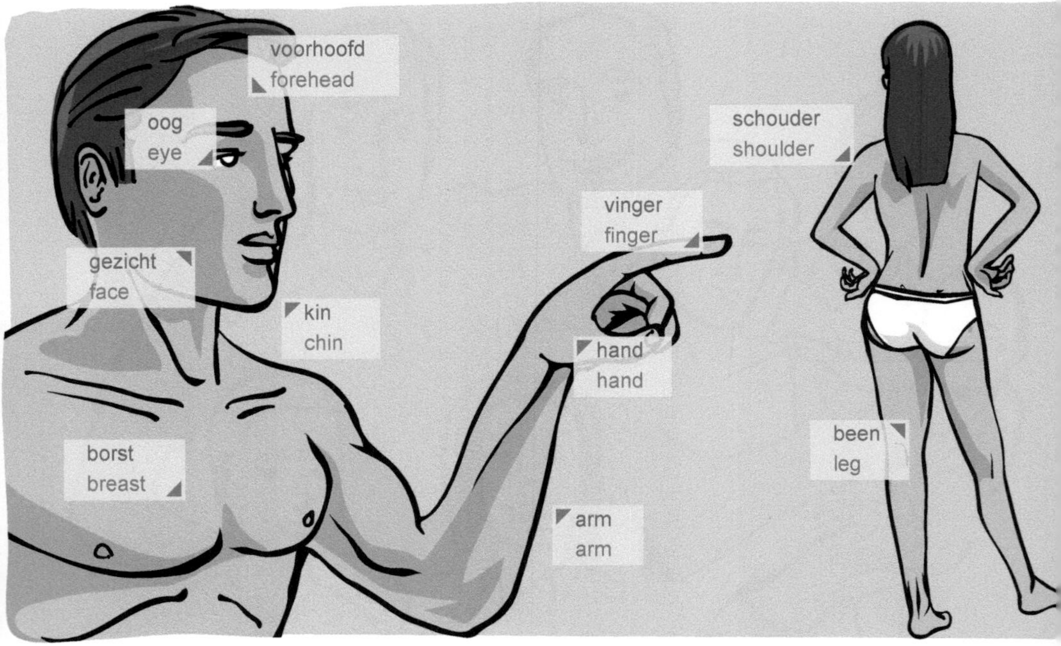

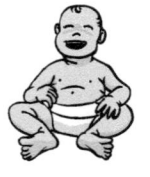

baby

baby

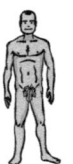

man

man

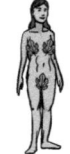

vrouw

woman

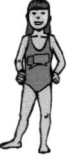

meisje

girl

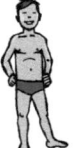

jongen

boy

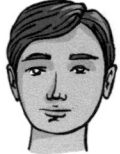

hoofd

head

rug

back

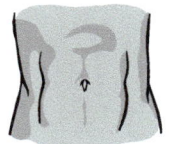

buik

belly

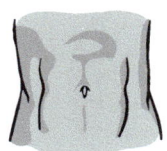

navel

navel

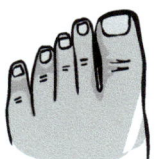

teen

toe

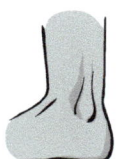

hiel

heel

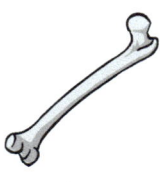

bot

bone

heup

hip

knie

knee

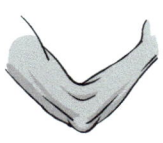

elleboog

elbow

neus

nose

zitvlak

buttocks

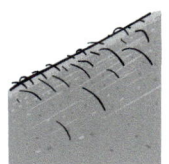

huid

skin

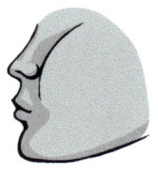

wang

cheek

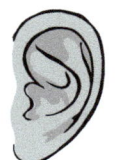

oor

ear

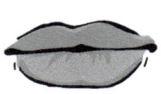

lip

lip

mond
mouth

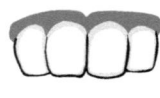

tand
tooth

tong
tongue

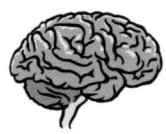

hersenen
brain

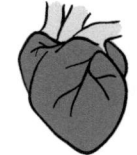

hart
heart

spier
muscle

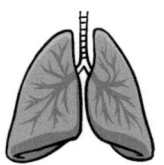

long
lung

lever
liver

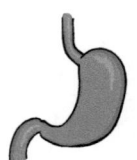

maag
stomach

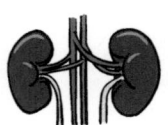

nieren
kidneys

seks
sex

condoom
condom

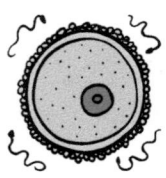

eicel
ovum

sperma
semen

zwangerschap
pregnancy

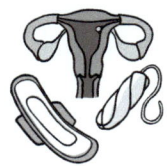

menstruatie
menstruation

vagina
vagina

penis
penis

wenkbrauw
eyebrow

haar
hair

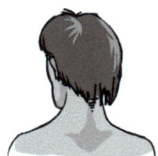

nek
neck

ziekenhuis

hospital

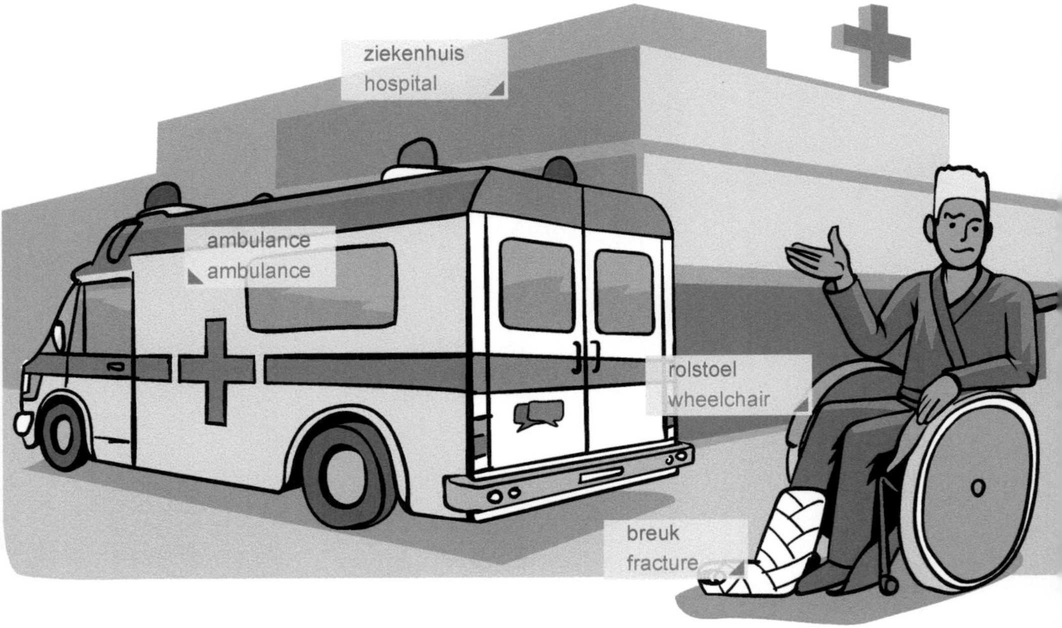

ziekenhuis
hospital
ambulance
ambulance
rolstoel
wheelchair
breuk
fracture

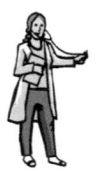

dokter

doctor

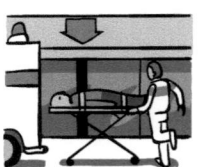

spoed

emergency room

verpleegkundige

nurse

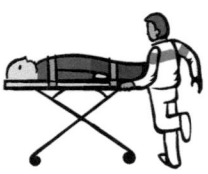

noodgeval

emergency

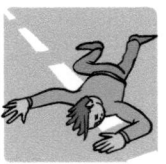

bewusteloos

unconscious

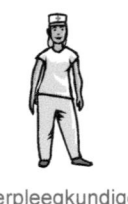

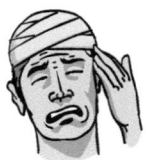

pijn

pain

verwonding

injury

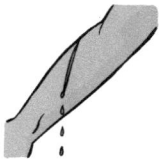

bloeding

bleeding

hartaanval

heart attack

beroerte

stroke

allergie

allergy

hoest

cough

koorts

fever

griep

flu

diarree

diarrhea

hoofdpijn

headache

kanker

cancer

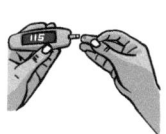

diabetes

diabetes

chirurg

surgeon

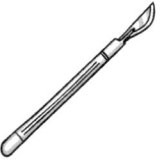

scalpel

scalpel

operatie

operation

CT

CT

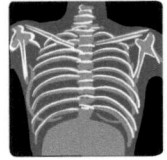

röntgenstraal

x-ray

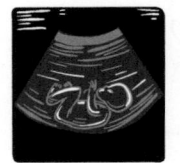

ultrageluid

ultrasound

gezichtsmasker

face mask

ziekte

disease

wachtkamer

waiting room

kruk

crutch

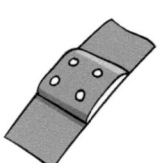

pleister

plaster

verband

bandage

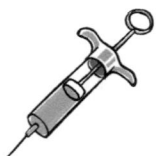

injectie

injection

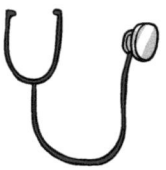

stethoscoop

stethoscope

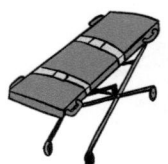

brancard

stretcher

thermometer

clinical thermometer

geboorte

birth

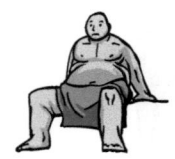

overgewicht

overweight

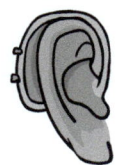

hoorapparaat

hearing aid

ontsmettingsmiddel

disinfectant

infectie

infection

virus

virus

HIV / AIDS

HIV / AIDS

medicijn

medicine

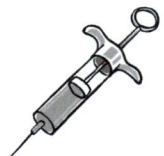

vaccinatie

vaccination

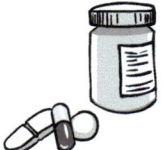

tabletten

tablets

pil

pill

noodoproep

emergency call

bloeddrukmeter

blood pressure monitor

ziek / gezond

ill / healthy

Help! Help!	 alarm alarm	 overval assault
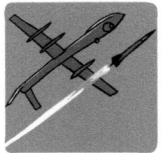 aanval attack	 gevaar danger	 nooduitgang emergency exit
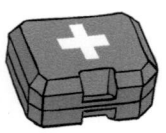 Brand! Fire!	 brandblusser fire extinguisher	 ongeval accident
EHBO-kit first-aid kit	SOS SOS	 politie police

Europa

Europe

Noord-Amerika

North America

Zuid-Amerika

South America

Afrika

Africa

Azië

Asia

Australië

Australia

Atlantische Oceaan

Atlantic

Stille Oceaan

Pacific

Indische Oceaan

Indian Ocean

Antarctische Oceaan

Antarctic Ocean

Arctische Oceaan

Arctic Ocean

Noordpool

North pole

Zuidpool

South pole

Antarctica

Antarctica

aarde

earth

land

land

zee

sea

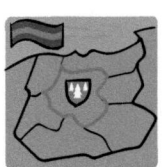

eiland

island

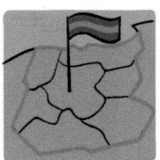

natie

nation

staat

state

wijzerplaat

clock face

uurwijzer

hour hand

minuutwijzer

minute hand

secondewijzer

second hand

Hoe laat is het?

What time is it?

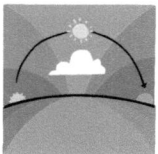

dag

day

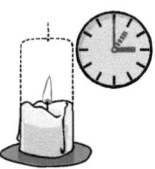

tijd

time

nu

now

digitale horloge

digital watch

minuut

minute

uur

hour

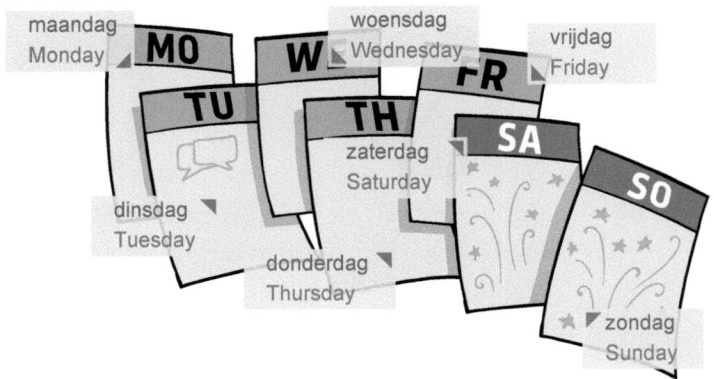

gisteren

yesterday

vandaag

today

morgen

tomorrow

ochtend

morning

middag

noon

avond

evening

werkdagen

workdays

weekend

weekend

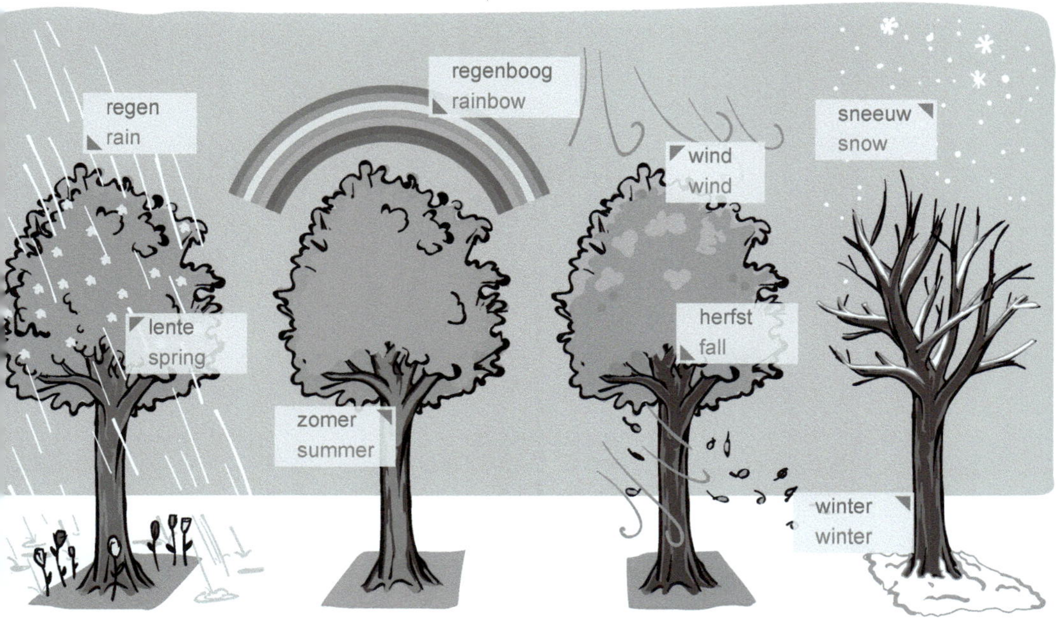

regen
rain
regenboog
rainbow
sneeuw
snow
wind
wind
lente
spring
herfst
fall
zomer
summer
winter
winter

4.APRIL 11°
5.APRIL 4°
6.APRIL 13°
7.APRIL 8°
8.APRIL 10°

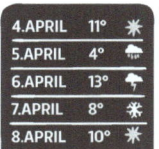

weervoorspelling

weather forecast

F
C
120
90
60
30
0
-30
40
30
20
10
0
-10
-20

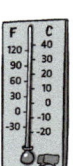

thermometer

thermometer

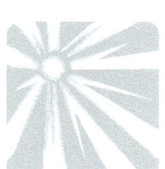

zonneschijn

sunshine

wolk

cloud

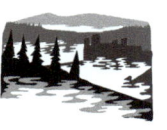

mist

fog

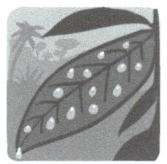

vochtigheid

humidity

bliksem

lightning

donder

thunder

storm

storm

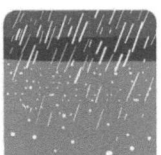

hagel

hail

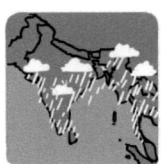

moesson

monsoon

overstroming

flood

ijs

ice

januari

January

februari

February

maart

March

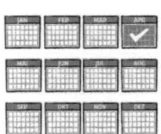

april

April

mei

May

juni

June

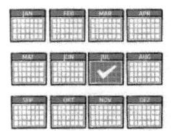

juli

July

augustus

August

september

September

oktober
October

november
November

december
December

vormen
shapes

cirkel
circle

kwadraat
square

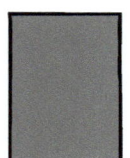

rechthoek
rectangle

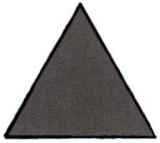

driehoek
triangle

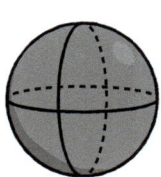

bol
sphere

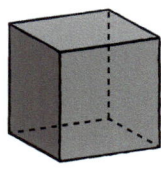

kubus
cube

wit

white

geel

yellow

oranje

orange

roze

pink

rood

red

paars

purple

blauw

blue

groen

green

bruin

brown

grijs

gray

zwart

black

veel / weinig

a lot / a little

boos / kalm

angry / calm

mooi / lelijk

beautiful / ugly

begin / einde

beginning / end

groot / klein

big / small

licht / donker

bright / dark

broer / zus

brother / sister

proper / vuil

clean / dirty

volledig / onvolledig

complete / incomplete

dag / nacht

day / night

dood / levend

dead / alive

breed / smal

wide / narrow

eetbaar / oneetbaar

edible / inedible

kwaadaardig / vriendelijk

evil / kind

opgewonden / verveeld

excited / bored

dik / dun

fat / thin

eerst / laatst

first / last

vriend / vijand

friend / enemy

vol / leeg

full / empty

hard / zacht

hard / soft

zwaar / licht

heavy / light

honger / dorst

hunger / thirst

ziek / gezond

ill / healthy

illegaal / legaal

illegal / legal

intelligent / dom

intelligent / stupid

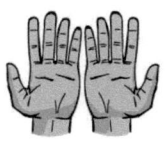

links / rechts

left / right

dichtbij / veraf

near / far

nieuw / gebruikt

new / used

niets / iets

nothing / something

oud / jong

old / young

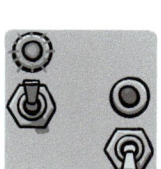

aan / uit

on / off

open / dicht

open / closed

stil / luid

quiet / loud

rijk / arm

rich / poor

juist / fout

right / wrong

ruw / glad

rough / smooth

droevig / blij

sad / happy

kort / lang

short / long

traag / snel

slow / fast

nat / droog

wet / dry

warm / koud

warm / cool

oorlog / vrede

war / peace

0	**1**	**2**
nul	één	twee
zero	one	two

3	**4**	**5**
drie	vier	vijf
three	four	five

6	**7**	**8**
zes	zeven	acht
six	seven	eight

9	**10**	**11**
negen	tien	elf
nine	ten	eleven

12

twaalf

twelve

13

dertien

thirteen

14

veertien

fourteen

15

vijftien

fifteen

16

zestien

sixteen

17

zeventien

seventeen

18

achtien

eighteen

19

negentien

nineteen

20

twintig

twenty

100

honderd

hundred

1.000

duizend

thousand

1.000.000

miljoen

million

cijfers - numbers

Engels

English

Amerikaans Engels

American English

Chinees (Mandarijn)

Chinese Mandarin

Hindi

Hindi

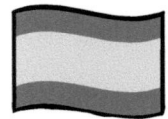

Spaans

Spanish

Frans

French

Arabisch

Arabic

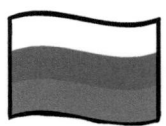

Russisch

Russian

Portugees

Portuguese

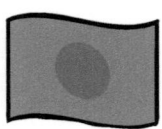

Bengali

Bengali

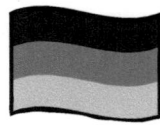

Duits

German

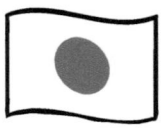

Japans

Japanese

ik

I

u

you

hij / zij / het

he / she / it

wij

we

u

you

ze

they

wie?

who?

wat?

what?

hoe?

how?

waar?

where?

wanneer?

when?

naam

name

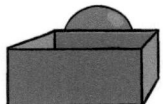

achter

behind

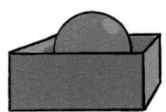

in

in

voor

in front of

boven

over

op

on

onder

under

naast

beside

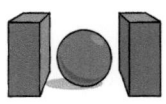

tussen

between

plaats

place